Waldemar Góralski

The Battleship Haruna

The Japanese cruiser *Haruna* was built as the fourth and last ship of the Kongo class. She was laid down on 16 March 1912, launched on 14 December 1913 and commissioned on 19 April 1915.
In September of 1920 during an artillery exercise an explosion destroyed the starboard main artillery gun in the No.1 turret. Only by a happy coincidence the entire ship was not lost.
After the First World War the ship underwent several major modernizations. The most important of them, performed during 1926 – 28 and from 1933 caused the total change of the ship's silhouette and increased the combat qualities. From 1940 *Haruna* was reclassified from the battlecruiser to fast battleship.
During the Second World War the battleship *Haruna* took part in the most important sea battles in the Pacific Ocean.
The beginning of her operations was the participation in landings in Indochina, Dutch East Indies and Java.
Haruna was among the escort of the carriers during the battle of Midway, took part in the battle of Guadalcanal and Santa Cruz.
In 1943 the ship took part in the evacuation of the troops from Guadalcanal and the counterattack on Eniwetok and Wake.
The year 1944 was the participation in the battle in the Philippine Sea, battle of Leyte battle in the Sibuyan Sea and near the island of Samar.
In Noveber of 1944, after having run into a reef the battleship *Haruna* was sent to Japan for repair and then, in late 1944 to Kure base.
In March 1945 *Haruna* was damaged by a bomb and further attacks of American aircraft in July of that year inflicted further damage to the ship.
On 28 July 1945 further air attack on the crippled ship and eight bomb hits caused that the battleship sat on the sea floor on even keel.
The wreck of the battleship *Haruna* was salvaged in 1946 and scrapped by 1948.

Japoński krążownik *Haruna* został zbudowany jako czwarty i ostatni okręt typu Kongo.
Stępkę okrętu położono 16 marca 1912 roku, wodowano 14 grudnia 1913, a wszedł do służby 19 kwietnia 1915.
We wrześniu 1920 roku podczas ćwiczeń artyleryjskich doszło do eksplozji i zniszczenia prawo burtowego działa artylerii głównej w wieży nr.1. Szczęśliwym zbiegiem okoliczności nie utracono całego okrętu.
Po I wojnie światowej okręt podlegał wielu gruntowych modernizacji. Najważniejsze z nich, przeprowadzone w latach 1926-28 i od 1933 spowodowały całkowitą zmianę sylwetki i podniesienie walorów bojowych okrętu. Od 1940 roku zmieniono klasyfikację *Haruna* z krążownika liniowego na szybki pancernik.
W czasie II wojny światowej pancernik *Haruna* brał udział w najważniejszych bitwach morskich na Pacyfiku.
Początek działań to udział w akcjach desantowych na Indochiny, Holenderskie Indie Wschodnie i Jawę.
Haruna była w eskorcie lotniskowców w bitwie o Midway, brała udział w walkach o Guadalcanal i bitwie pod Santa Cruz.
W 1943 okręt brał udział w ewakuacji żołnierzy z Guadalcanal, kontrataku na Eniwetok i Wake.
1944, to udział w bitwie na Morzu Filipińskim, bitwie o Leyte, bitwie na morzu Sibuyan i koło wyspy Samar.
W listopadzie 1944 roku po wejściu na rafę koralową, pancernik *Haruna* skierowano do Japonii, na naprawę a następnie, pod koniec 1944 do bazy Kure.
W marcu 1945 roku *Haruna* została uszkodzona bombą, a następne ataki lotnictwa amerykańskiego w lipcu tego roku spowodowały dalsze uszkodzenia okrętu.
28 lipca 1945 roku kolejny atak samolotów na unieruchomiony okręt i trafienie 8 bombami spowodował osadzenie pancernik na dnie na równej stępce.
Wrak pancernika *Haruna* podniesiono w 1946 i złomowano do 1948 roku.

Specifications after the modernization of 1934

Displacement – standard	32,156 t
Displacement – full	36,023 t
Total length	222 m
Waterline length	219.5 m
Beam	31 m
Draft	9.7 m
Propulsion	four steam turbines with total power output of 136,000 hp
Maximum speed	30.5 kt
Range	9,800 NM at 18 kt
Fuel reserve	6,330 t (mazut)
Complement	1,437

Armament and equipment 1933 – 45:

Eight 356-mm guns in two-gun turrets (4xII); Fourteen 152-mm guns in casemates (14xI); Eight 127-mm universal guns (4xII); Twenty 25-mm caliber Type 96 anti-aircraft automatic cannons (10xII) (this number increased during 1943 – 44, maximum to 94-117); Three floatplanes: Aichi E13A and Mitsubishi F1M, one catapult

Dane techniczne po modernizacji w 1934

Wyporność standardowa	32 156 t
Wyporność pełna	36 023 t
Długość całkowita	222 m
Długość na linii wodnej	219,5 m
Szerokość	31 m
Zanurzenie	9,7 m
Napęd	4 turbiny parowe o mocy łącznej 136 000 KM, 11 kotłów parowych Kampon, 4 śruby
Prędkość maksymalna	30,5 w
Zasięg	9 800 mil morskich przy prędkości 18 w
Zapas paliwa	6330 t. (mazut)
Załoga	1437

Uzbrojenie i wyposażenie 1933–45:

8 dział 356 mm w wieżach dwudziałowych (4xII); 14 dział 152 mm w kazamatach (14xI); 8 dział uniwersalnych 127 mm (4xII); 20 działek przeciwlotniczych 25 mm Typ 96 (10xII) (liczba zwiększana w latach 1943-44, maksymalnie do 94 - 117); 3 wodnosamoloty: Aichi E13A i Mitsubishi F1M, 1 katapulta

The Battleship Haruna • Waldemar Góralski
Wydanie pierwsze / First edition • LUBLIN 2014 • ISBN 978-83-64596-21-6

Translation / Tłumaczenie: **Jarosław Dobrzyński** • Color profiles / Plansze barwne: **Waldemar Góralski** • Scale drawings / Rysunki techniczne: **Waldemar Góralski** • Design: **KAGERO STUDIO, Łukasz Maj**

Distribution / Dystrybucja: Oficyna Wydawnicza KAGERO • www.kagero.pl • e-mail: kagero@kagero.pl, marketing@kagero.pl

Editorial Office, Marketing / Redakcja, Marketing: **Oficyna Wydawnicza KAGERO, ul. Akacjowa 100, os. Borek, Turka, 20-258 Lublin 62, Poland**
phone/fax +48 (81) 501 21 05

www.kagero.eu • www.shop.kagero.pl

The Battleship Haruna

Type 21 radar on the 10-meter rangefinder
Radar typ 21 na 10 metrowym dalmierzu

The bow section of *Haruna* with the command turret
Część dziobowa *Haruna* z wieżą dowodzenia

The Battleship Haruna

View from the stern of the bow section of *Haruna*
Część dziobowa *Haruna* w widoku od rufy

Floats of the mine sweep
Pływaki trału

The bow of *Haruna* with 356 mm - caliber main artillery turrets
Dziób *Haruna* z wieżami artylerii głównej 356 mm

Deck entry door
Wejściówka pokładu

The bow of *Haruna* seen from the starboard
Dziób *Haruna* widziany z prawej burty

No.1 356 mm - caliber main artillery turret
Wieża nr 1 artylerii głównej 356 mm

KAGERO

TOPDRAWINGS

Drawings/ rysował: © Waldemar Góralski

The Battleship Haruna

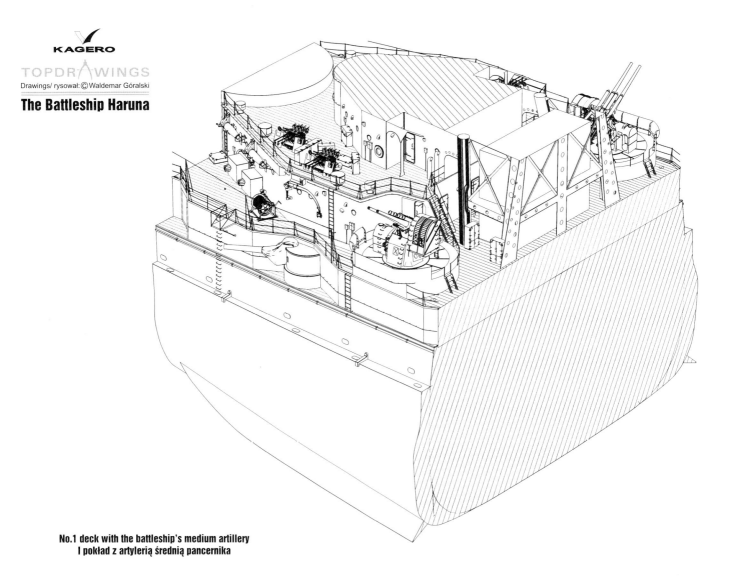

No.1 deck with the battleship's medium artillery
I pokład z artylerią średnią pancernika

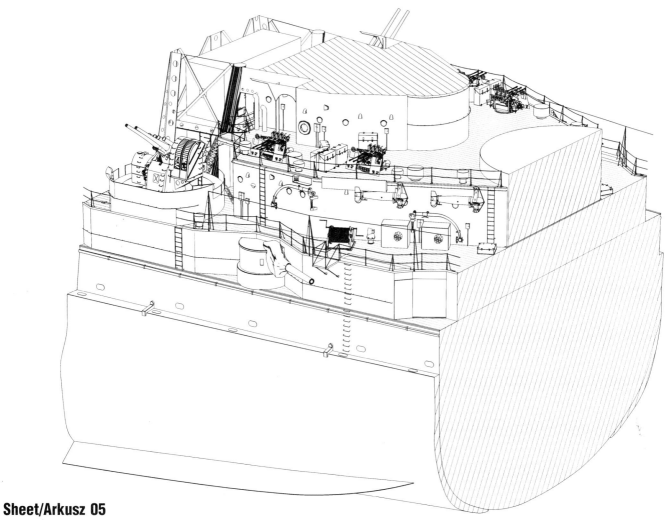

KAGERO
TOPDRAWINGS
Drawings/ rysował: ©Waldemar Góralski

The Battleship Haruna

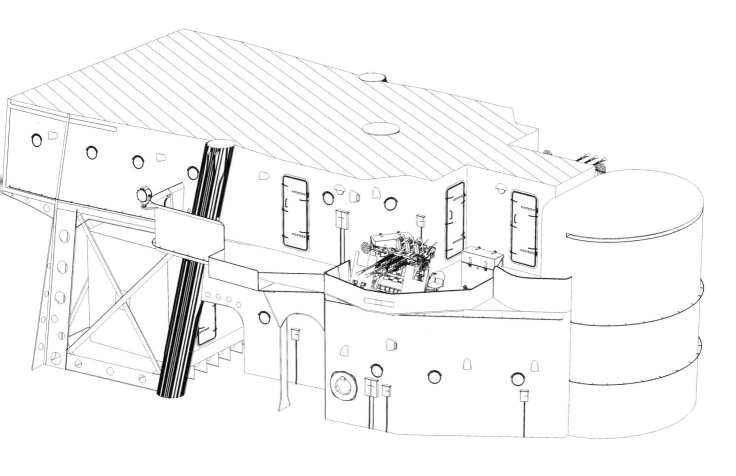

No.2 deck with auxiliary stations
II pokład ze stanowiskami pomocniczymi

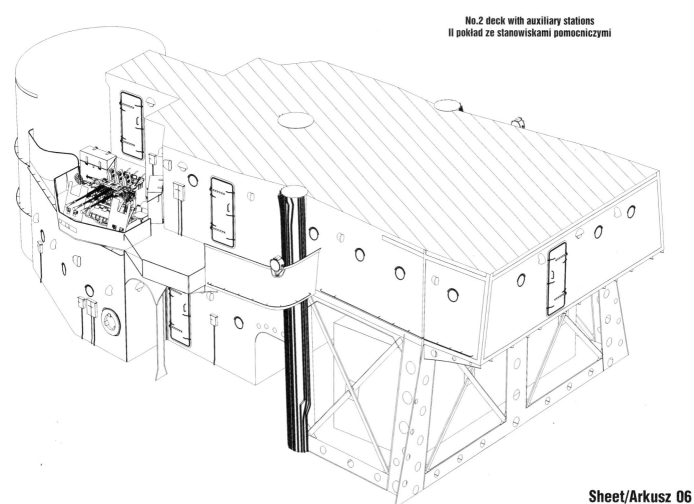

Sheet/Arkusz 06

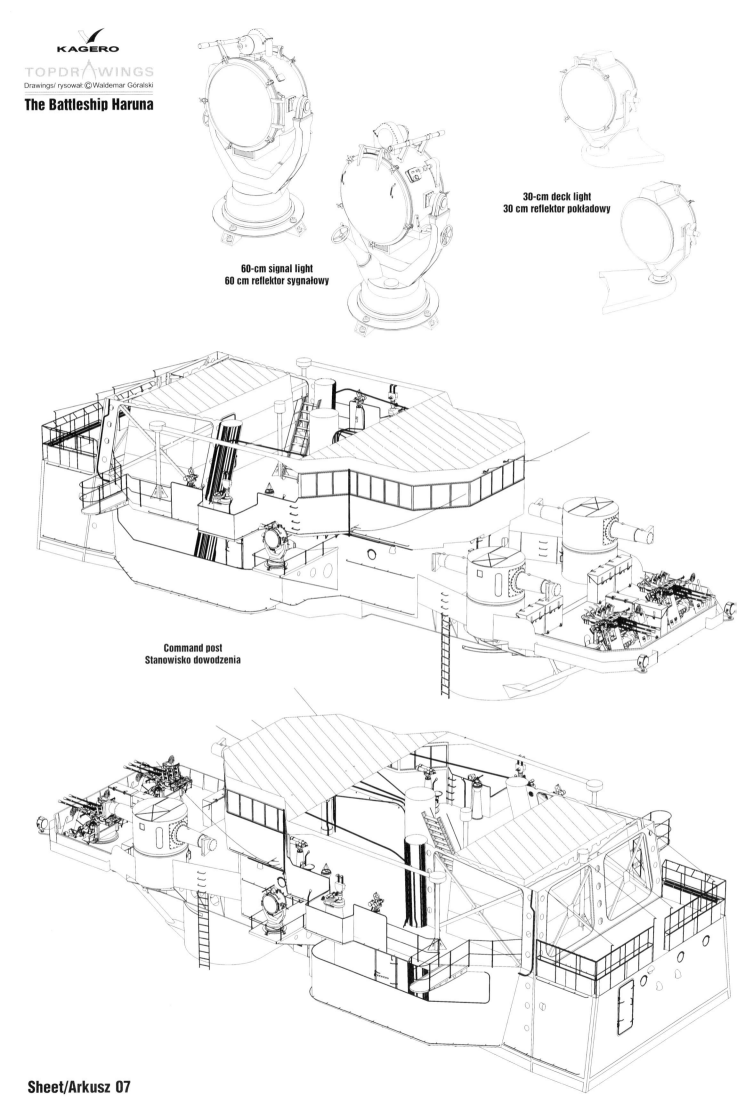

KAGERO
TOPDRAWINGS
Drawings/ rysował © Waldemar Góralski

The Battleship Haruna

60-cm signal light
60 cm reflektor sygnałowy

30-cm deck light
30 cm reflektor pokładowy

Command post
Stanowisko dowodzenia

Sheet/Arkusz 07

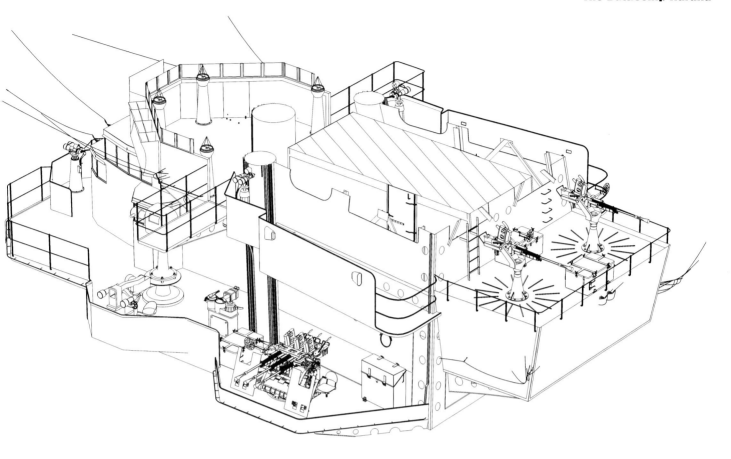

Medium artillery control stations
Stanowiska kierowania artylerii średniej

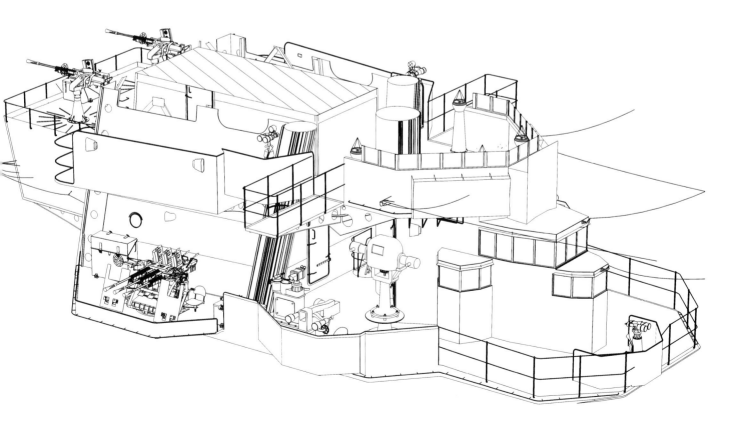

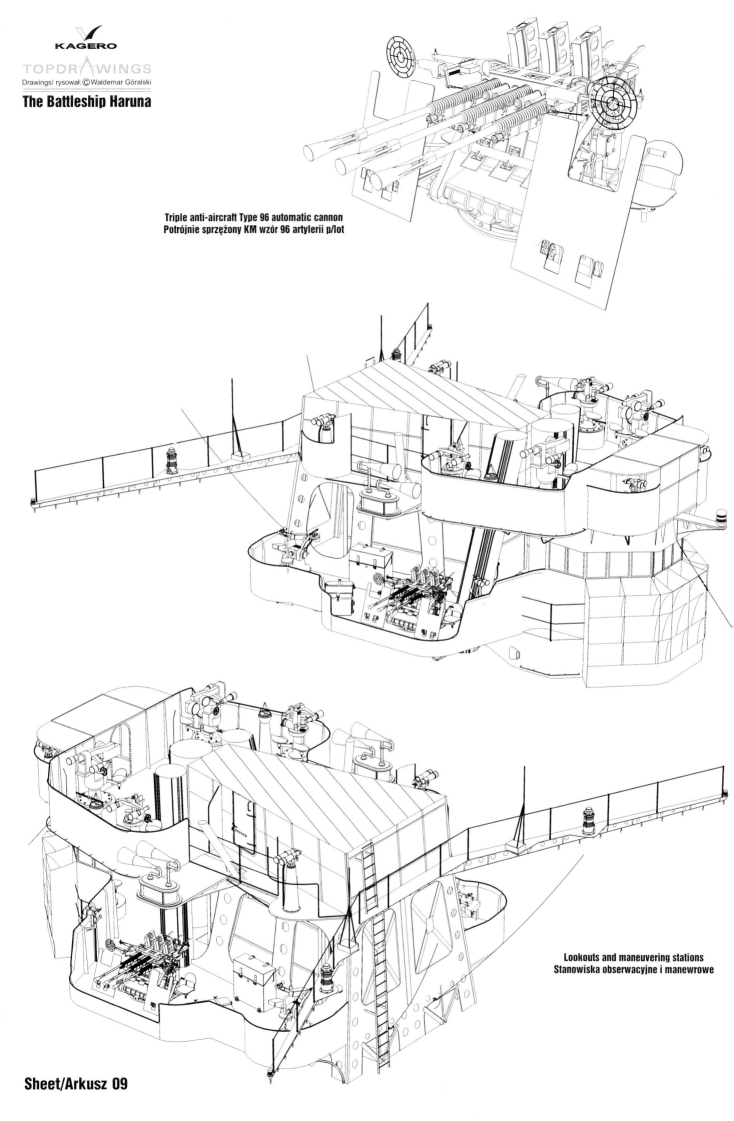

KAGERO
TOPDRAWINGS
Drawings/ rysował ©Waldemar Góralski
The Battleship Haruna

Triple anti-aircraft Type 96 automatic cannon
Potrójnie sprzężony KM wzór 96 artylerii p/lot

Lookouts and maneuvering stations
Stanowiska obserwacyjne i manewrowe

Sheet/Arkusz 09

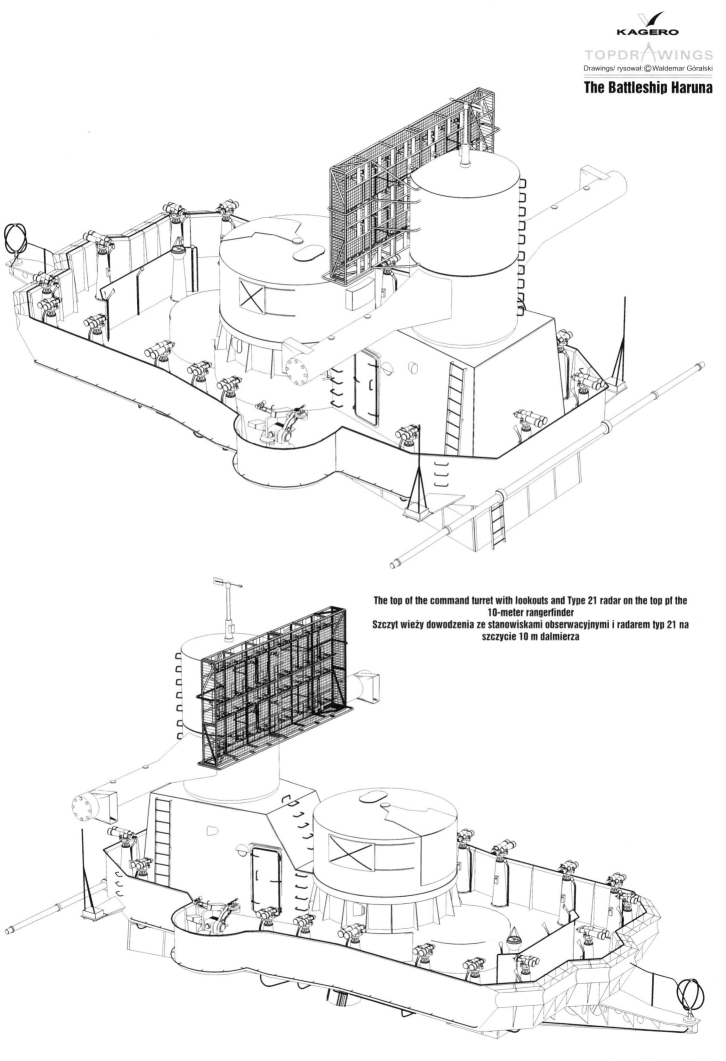

The top of the command turret with lookouts and Type 21 radar on the top pf the 10-meter rangefinder

Szczyt wieży dowodzenia ze stanowiskami obserwacyjnymi i radarem typ 21 na szczycie 10 m dalmierza

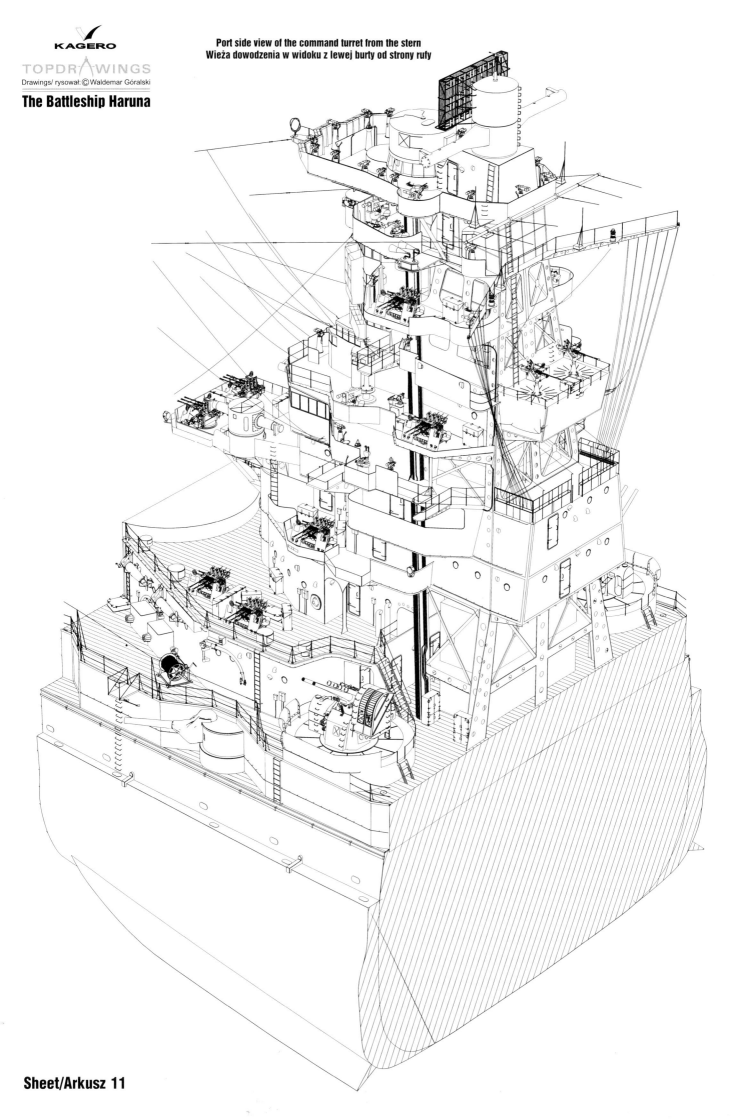

The Battleship Haruna

Port side view of the command turret from the stern
Wieża dowodzenia w widoku z lewej burty od strony rufy

Sheet/Arkusz 11

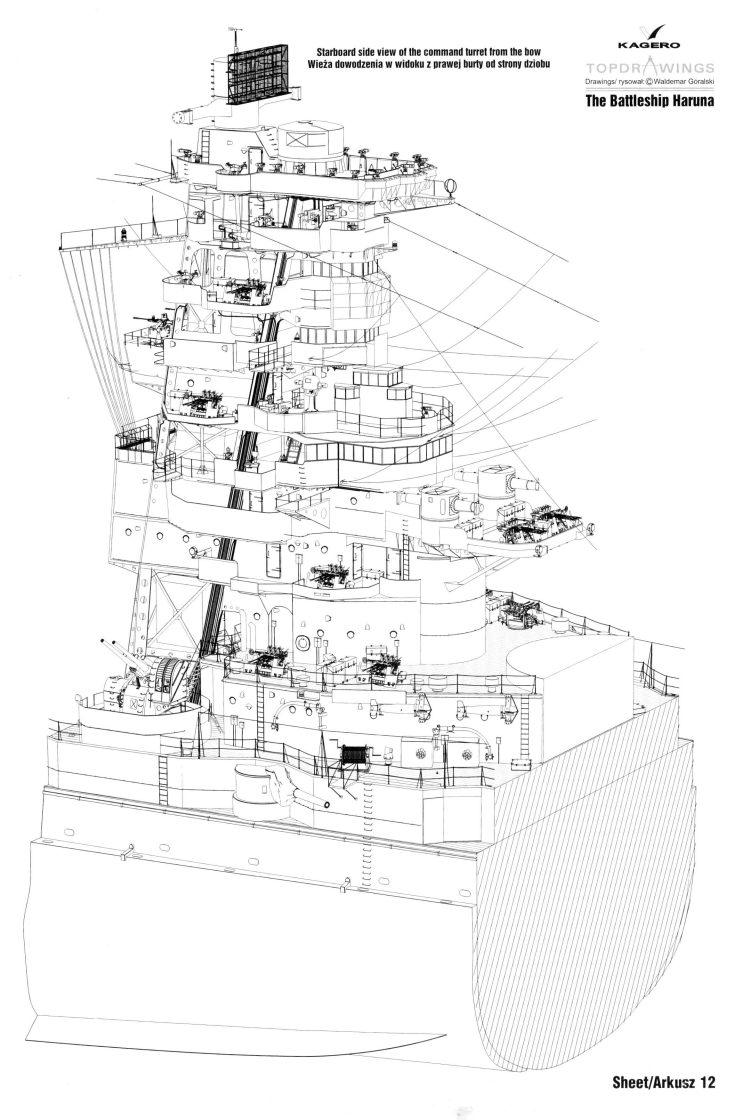

Starboard side view of the command turret from the bow
Wieża dowodzenia w widoku z prawej burty od strony dziobu

KAGERO
TOPDRAWINGS
Drawings/ rysował:©Waldemar Góralski

The Battleship Haruna

Sheet/Arkusz 12

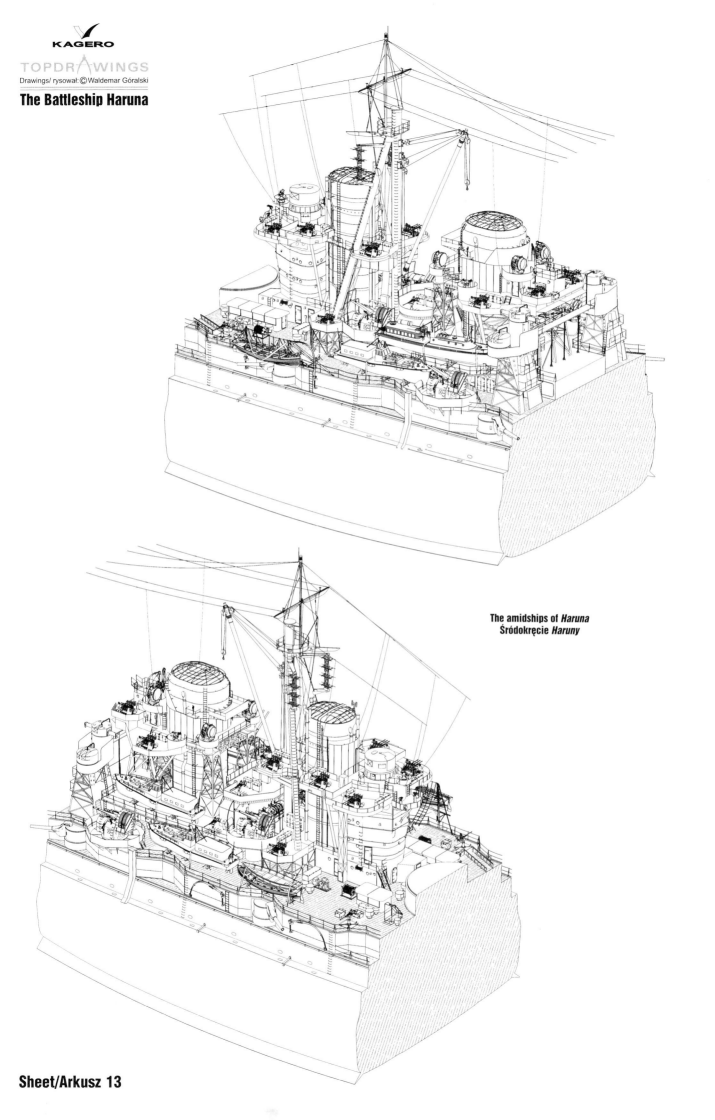

KAGERO
TOPDRAWINGS
Drawings/ rysował:©Waldemar Góralski
The Battleship Haruna

The amidships of *Haruna*
Śródokręcie *Haruny*

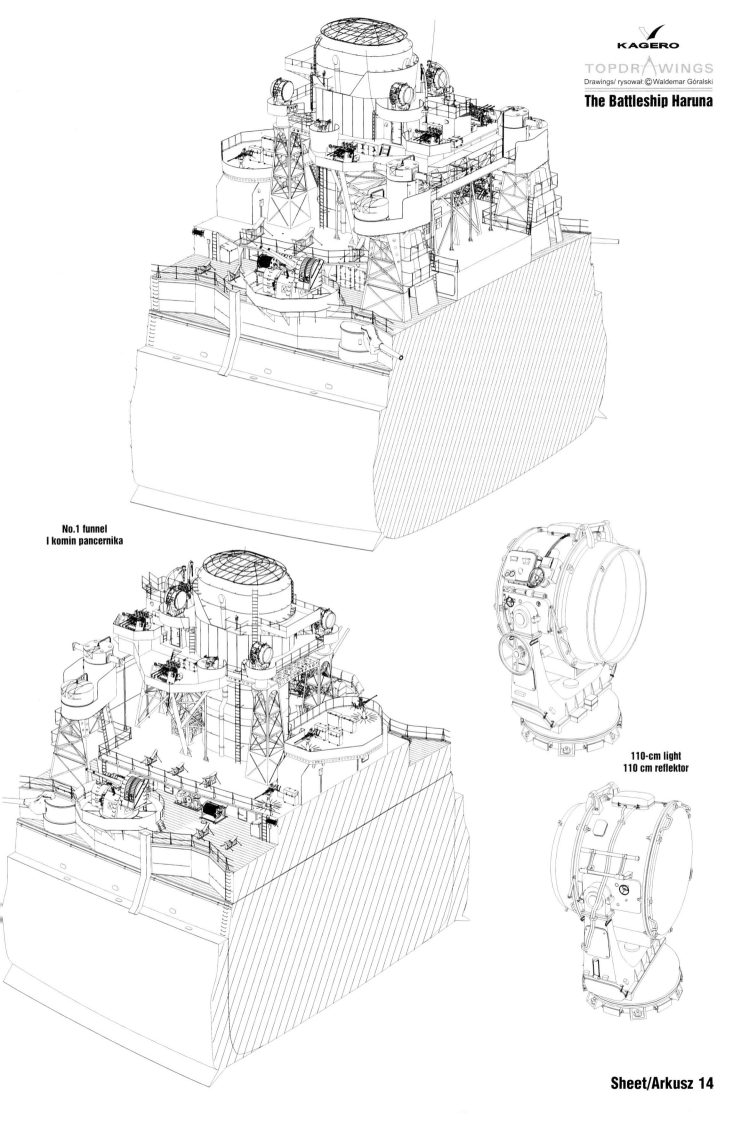

KAGERO
TOPDRAWINGS
Drawings/ rysował ©Waldemar Góralski
The Battleship Haruna

No.1 funnel
I komin pancernika

110-cm light
110 cm reflektor

Sheet/Arkusz 14

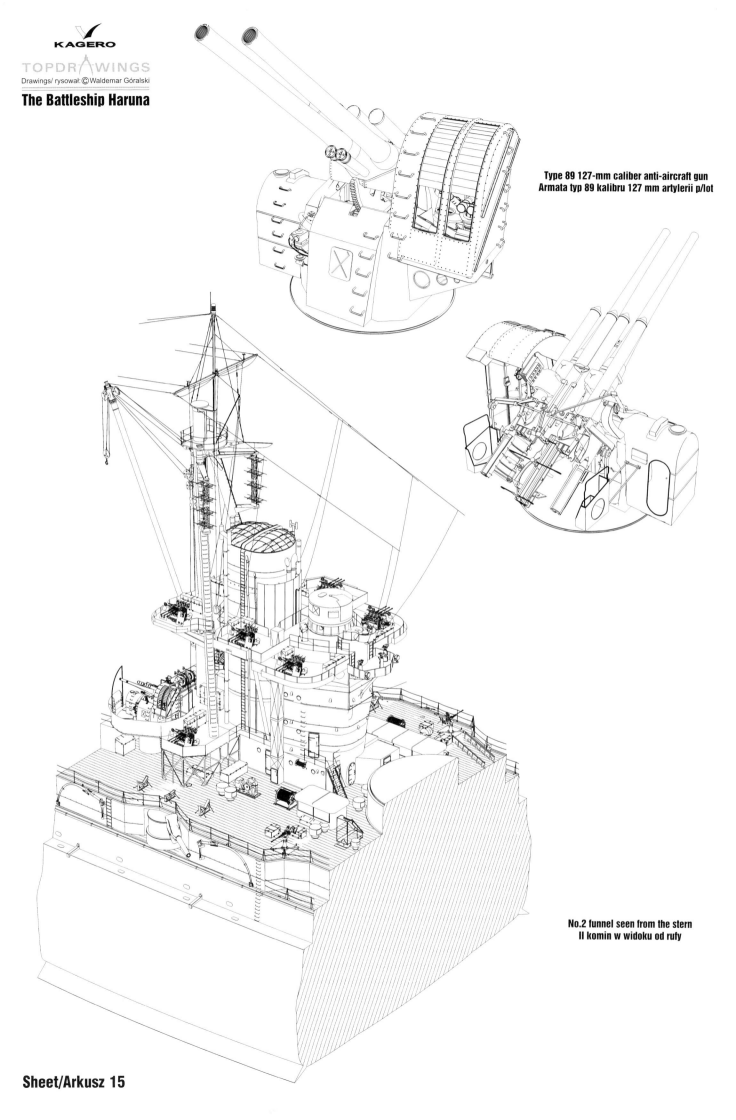

Type 89 127-mm caliber anti-aircraft gun
Armata typ 89 kalibru 127 mm artylerii p/lot

No.2 funnel seen from the stern
II komin w widoku od rufy

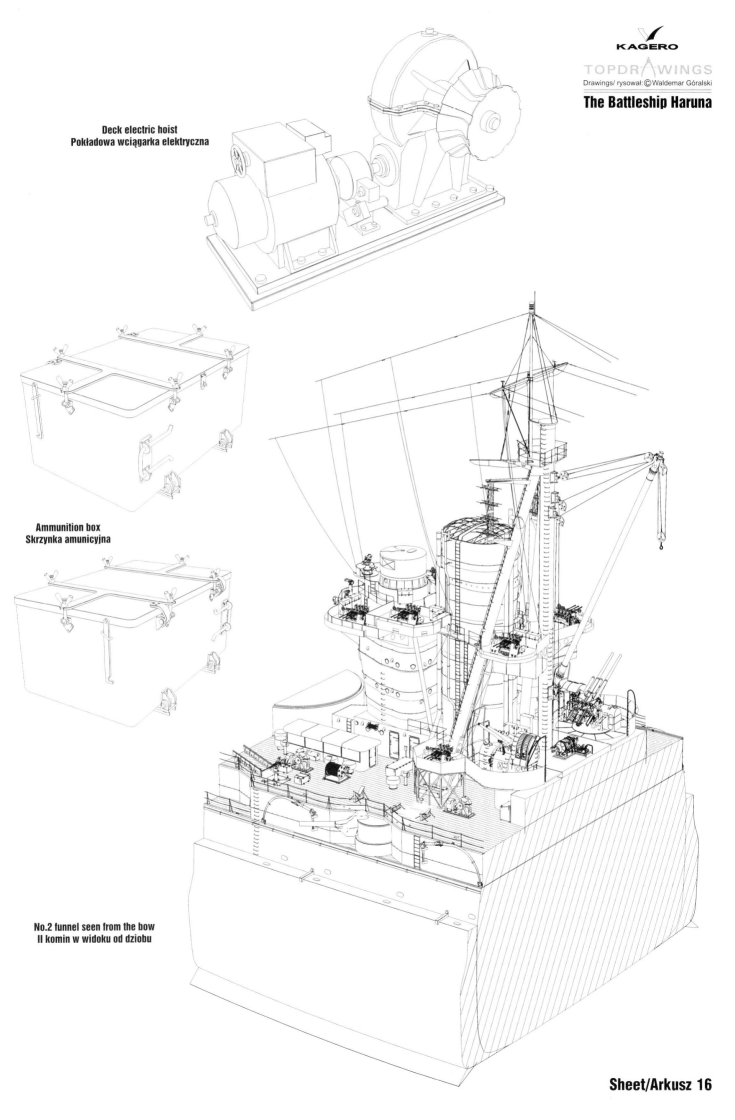

Deck electric hoist
Pokładowa wciągarka elektryczna

Ammunition box
Skrzynka amunicyjna

No.2 funnel seen from the bow
II komin w widoku od dziobu

KAGERO
TOPDRAWINGS
Drawings/ rysował: © Waldemar Góralski
The Battleship Haruna

Sheet/Arkusz 16

The stern section of *Haruna*
Część rufowa pancernika *Haruna*

Unfolded gangway
Rozłożony Trap

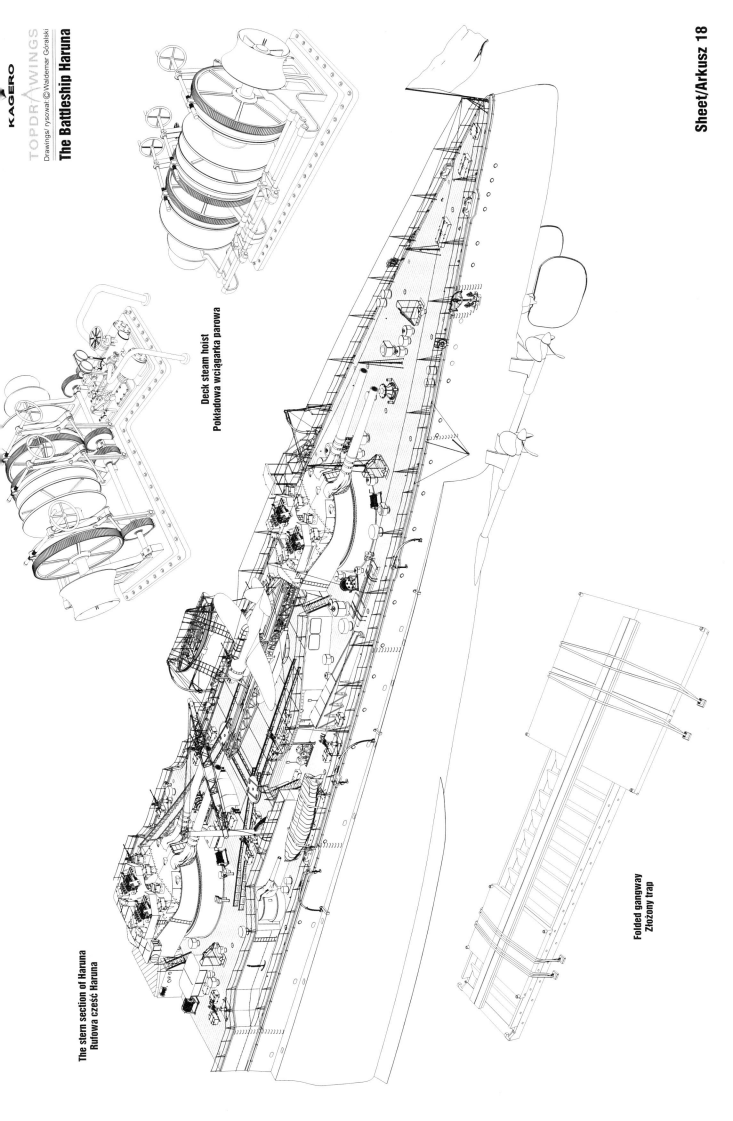

KAGERO
TOPDRAWINGS
Drawings/ rysował: ©Waldemar Góralski

The Battleship Haruna

Deck steam hoist
Pokładowa wciągarka parowa

The stern section of Haruna
Rufowa cześć Haruna

Folded gangway
Złożony trap

Flight deck on the stern of *Haruna*
Pokład lotniczy na rufie pancernika *Haruna*

Pokład lotniczy w widoku lewej burty od rufy

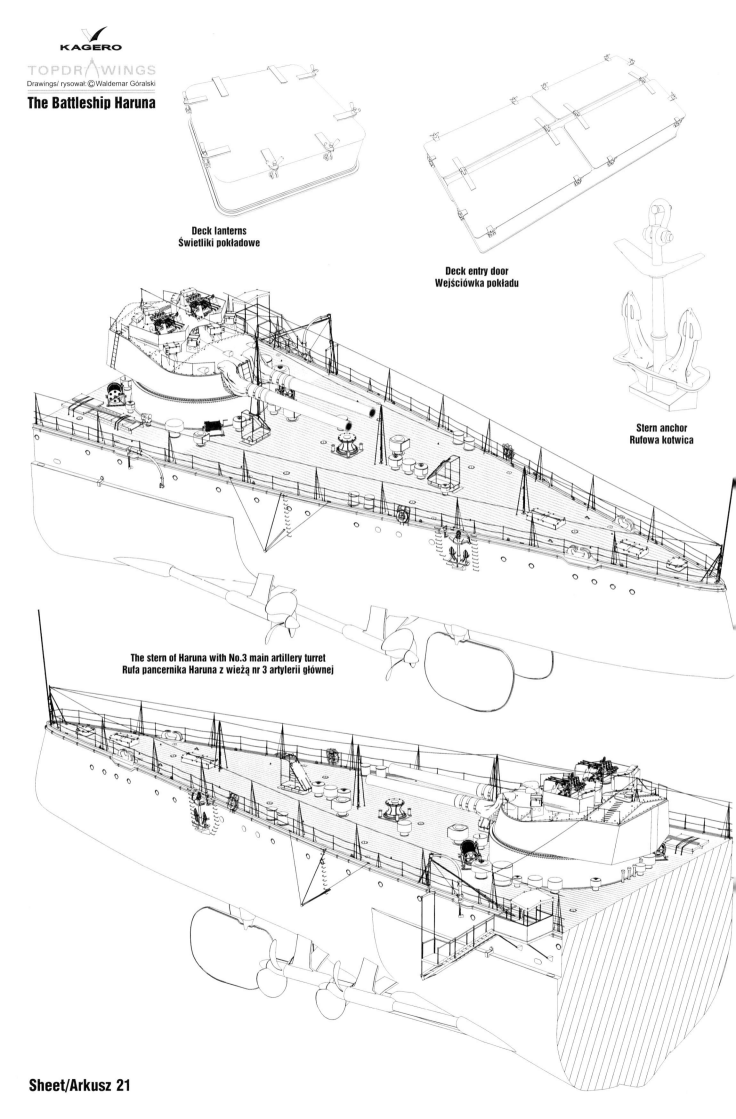

Deck lanterns
Świetliki pokładowe

Deck entry door
Wejściówka pokładu

Stern anchor
Rufowa kotwica

The stern of Haruna with No.3 main artillery turret
Rufa pancernika Haruna z wieżą nr 3 artylerii głównej

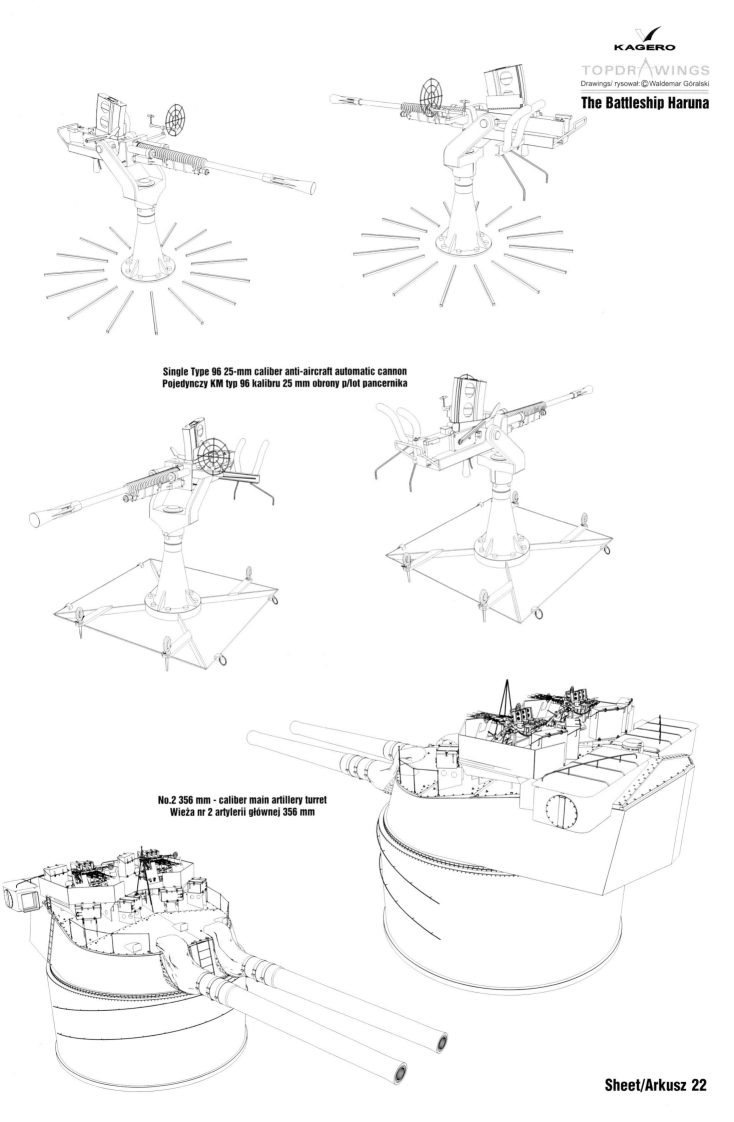

Single Type 96 25-mm caliber anti-aircraft automatic cannon
Pojedynczy KM typ 96 kalibru 25 mm obrony p/lot pancernika

No.2 356 mm - caliber main artillery turret
Wieża nr 2 artylerii głównej 356 mm

 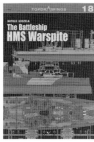 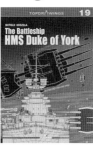 

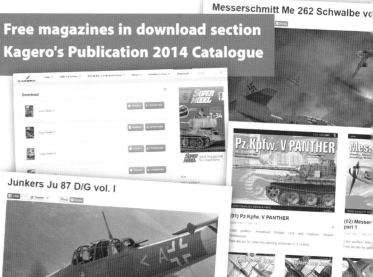